DEUX MOTS
SUR LA MUSIQUE,
Ou Conseils
POUR L'APPRENDRE ET LA COMPRENDRE.

A PARIS.

1842.

Imprimerie Juteau et C., rue Saint-Denis, 345.

DEUX MOTS

SUR LA MUSIQUE.

DEUX MOTS
SUR LA MUSIQUE,
Ou Conseils
POUR L'APPRENDRE ET LA COMPRENDRE.

..... prœter *laudem* nullius avari.
...... largis rationalibus *assem*,
Discunt in partis centum diducere.

HORACE.

A PARIS.

1842.

AVANT-PROPOS.

Le tirage de la première édition de cet opuscule a été si rapide, qu'il nous a été impossible de corriger quelques fautes qui s'étaient glissées dans le texte : nous les avons soigneusement fait disparaître dans cette nouvelle édition qui, refaite sur un nouveau plan, sera encore plus digne, nous l'espérons, de l'accueil favorable qu'on a déjà bien voulu nous faire.

PRÉFACE

DE LA PREMIÈRE ÉDITION.

Les flatteurs plaisent, mais ne font que des dupes. C'est un rôle que nous ne pouvons accepter, et que nous abandonnons de bon cœur. Nous préférons,

Censeur un peu fâcheux, mais *parfois* nécessaire,

dire ce que nous croyons *vérité*, montrer le CHARLATANISME de l'époque, faire connaître l'ESPRIT des artistes en général, et donner, si c'est possible, de bons CONSEILS à ceux qui veulent APPRENDRE ET COMPRENDRE la MUSIQUE.

PRÉFACE

DE LA SECONDE ÉDITION.

On nous a blâmé d'être trop court et trop concis. C'est un reproche que nous pouvons mériter, mais qui ne peut nous atteindre. On a oublié, sans doute, que, ne voulant pas faire un GROS LIVRE, et que parlant d'une manière générale et en quelque sorte sentencieuse, nous ne devions entrer dans aucuns détails.

Nous pensons donc que cette *Bluette* sera toujours assez *longue*, si, semblable à ce jeune écolier de Salamanque, le LECTEUR sait en retirer quelque instruction.

INTRODUCTION.

Une plaie de notre époque, n'est-ce pas le charlatanisme ?

Je ne parle pas ici de ce charlatanisme si commun de nos jours, dont on est obligé de subir à chaque instant de la vie les fâcheuses conséquences; mais de ce charlatanisme *professoral*, auquel tant de bonnes âmes, par candeur ou persuasion, veulent bien confier leur intelligence, et que pour cela j'appellerai *Scientifico-Charlatanisme.*

En effet, à croire certains hommes de *progrès*, ou si l'on aime mieux de *perfectibilité*, l'ignorance va disparaître.

Malheureux mille fois les *pauvres d'esprit*, on va tout savoir, tout connaître; on a trouvé de nouvelles méthodes, de nouveaux systèmes; et ce qu'on peut dire des *sciences et des lettres*, ne peut-on pas l'appliquer aussi aux *arts* et principalement à l'étude de la *musique* !

Cependant, on le sait, ce n'est que par le travail, que l'on acquiert des talents véritables. *Le temps et la patience*, voilà les grands maîtres. Les dispositions naturelles diminuent souvent les obstacles, mais ne les surmontent jamais tous.

Ainsi, la science qui devrait être un moyen de se rendre utile, un moyen de se distinguer honorablement, n'est plus qu'un *trafic*, qu'un *marchepied* dont on se sert pour s'élever et parvenir à la fortune.

BUT DE L'AUTEUR.

Démontrer d'une manière positive cette double vérité, qu'il n'y a dans toutes ces doctrines nouvelles que *Trompeurs* et *Trompés*, et qu'entre les mains de tels Maîtres, l'art ne peut que dépérir et tomber en ruine, tel était d'abord le but que je m'étais proposé ; mais les inconvénients sans nombre des GROS LIVRES, dont le premier peut-être est de fatiguer, pour ne pas dire davantage, m'a fait renoncer à un projet que j'aurais eu tant de plaisir à développer.

Je me contenterai donc de ne donner ici que des aperçus et des conseils généraux; et, tout en laissant à de plus savants et de plus habiles que moi le soin de finir ce que je n'ai fait qu'ébaucher, mon travail n'en sera pas moins, j'espère, de quelque utilité.

Ce que je dirai ne sera pas nouveau, et que peut-on dire qui n'ait été déjà répété mille fois? (*Nihil sub sole novi.*) Ce seront de vieilles idées arrangées à ma manière; plairont-elles aux gens du monde? Je l'ignore ; mais elles ne pourront chagriner les personnes sérieuses qui aiment à trouver partout un peu de ces bonnes vérités que l'on ne doit jamais se lasser de répéter, et que l'on ne devrait jamais se lasser d'entendre.

Après quelques mots sur l'histoire de la musique, j'en exposerai brièvement les premiers éléments, j'indiquerai de quelle manière on doit l'étudier, j'essaierai ensuite de montrer sous quel point de vue on doit la considérer, enfin je terminerai toutes ces petites *causeries* en jetant un coup-d'œil rapide sur l'ensemble de la science musicale.

HISTOIRE
DE LA MUSIQUE.

La musique est aussi ancienne que le monde. L'homme et tous les êtres vivants ne peuvent jeter un cri, sans faire entendre une intonation. La joie, la douleur, la crainte, le désespoir, toutes les passions en un mot ont leur langage propre, et c'est ce qui a fait dire, je crois, à un philosophe moderne qu'il comprenait la *langue des oiseaux*.

Ce qu'il y a de certain, c'est que les inflexions de voix sont très variées dans l'espèce humaine, et que les langues diverses dont l'homme se sert, pour exprimer sa pensée, sont toutes plus ou moins graves, plus ou moins aigües ou sonores.

Du langage parlé au chant, à la mélodie, la distance n'est pas grande ; l'on peut même présumer, sans crainte d'erreur, que le langage d'abord grossier, plus tard mesuré, devint ensuite cadencé. C'était toujours l'état sauvage; mais un instant encore, et le chant et la musique sont trouvés.

Sans doute que plein d'admiration à la vue des merveilles de la nature, que sentant de bonne heure sa faiblesse et son néant, l'homme aura porté ses regards vers le ciel, et, par un sentiment instinctif de reconnaissance, aura essayé de célébrer par ses premiers cris les louanges de l'Auteur de toutes choses.

Ainsi aura commencé le premier chant, ainsi se sera fait entendre la première mélodie ; dès lors, il se sera établi entre Dieu et la créature un rapport intime qui fut d'abord vague et incertain; mais qui, devenant avec le temps plus manifeste, a formé des liens que la religion, mère de toute cette harmonie nouvelle, devait bientôt, de plus en plus, resserrer de ses mains bienfaisantes.

Mais, si la musique religieuse a été dans l'ordre des temps la première, elle n'en occupe pas moins encore à présent le premier rang; c'est du moins ce que je pense.

C'est elle, en effet, qui élève le plus l'âme, qui la pénètre des plus douces et des plus vives émotions; c'est elle qui a inspiré les grands maîtres, les *Haydn*, les *Hasse*, les *Hœndel*, les *Mozart* et bien d'autres compositeurs célèbres dont le nom ne périra plus; c'est encore elle qui tout récemment a fait vibrer la lyre harmonieuse du savant *Meyer-Beer*.

Après Dieu, on aura chanté la gloire des rois et des guerriers fameux; ensuite, on aura célébré celle des aïeux, celle des familles; et la musique, devenue de plus en plus mesquine et vulgaire, n'aura plus servi qu'à égayer et qu'à distraire le peuple qui n'avait, Lui, à chanter que ses joies et ses peines.

Et cependant, cette musique, si peu savante, mais si naturelle et si simple, a conservé une originalité toute particulière qui caractérise à tel point le pays et la nation qui l'a vu naître, qu'il est impossible de s'y méprendre et difficile de l'imiter.

Tels sont, par exemple, ces chants et ces airs de danse populaire qui sont parvenus jusqu'à nous; et chose bien remarquable de nos jours, où les *sta-*

tuelles et les *effigies* de toute espèce semblent immortaliser les plus faibles talents, les noms de ces auteurs sont restés et resteront sans doute pour toujours *inconnus*.

On voit, par ce court exposé, ce qu'a dû être et comment a dû commencer la musique; et, si elle a perdu cet air primitif qui la distinguait d'abord, c'est qu'avec la civilisation ont surgi d'autres besoins, d'autres désirs.

Les spectacles, les danses théâtrales ont réclamé son secours; les choses les plus communes et les plus ordinaires n'ont pas cru pouvoir se passer de son prestige.

On a tout fait en musique; on a ri, on a pleuré, et, ce que par amour-propre on n'aurait osé dire, on l'a chanté.

Si l'on ajoute que l'ennui et l'oisiveté, ces grands *Chercheurs* d'émotions et de sensations nouvelles, ont tout permis, tout sanctionné, l'on pourra facilement se convaincre que c'est maintenant plutôt par habitude, et sans que l'on se donne même la peine de réfléchir, que l'on entend tous les jours réciter au son des instruments les choses les plus pitoyables, les plus absurdes et les plus ridicules.

Au reste, quelle que soit l'origine de la musique, je ne m'étendrai pas davantage sur un sujet tout de spéculation qui demanderait, pour être traité d'une manière convenable, de longues et pénibles recherches que je n'ai pas faites et que je n'ai pas envie de faire.

J'aime mieux passer de suite à la partie essentielle de la musique, je veux dire à la théorie proprement dite; et d'abord, faisant grâce en commençant de science et d'érudition, je laisserai dormir en paix les Grecs et les Romains; je ne dirai rien de leur *tétracorde*, de leurs divers modes d'accompagnement soit avec *une*, soit avec *deux flûtes*, etc.: je ne parlerai pas même de *Guy-Arezzo*, de son fameux *hexacorde*, de son *si bémol* et de son *si bécarre*, choses toutes très belles et très bonnes à connaître, lorsque l'on prétend au titre de savant, mais aussi très ennuyeuses et très inutiles lorsque l'on veut seulement devenir musicien.

Je ne m'occuperai donc que de la musique moderne telle que nous la connaissons aujourd'hui, et je m'estimerais heureux, je l'avoue, si, après avoir exposé mes idées et avoir donné mes avis sur cet art qui contribue tant par ses charmes à embellir notre vie, je pouvais inspirer, ne fût-ce qu'à une seule personne, le désir de l'étudier sérieusement.

PRINCIPES
DE MUSIQUE.

Il y a sept signes ou *notes* qui servent à écrire la musique (*).

Ces sept signes ou notes se divisent, d'après leur durée, en *longues* et en *brèves*, en *rondes*, *blanches*, *noires* et *croches*, de manière à former une véritable progression géométrique croissante, dont la ronde, la plus longue note, serait l'exposant.

On les pose sur cinq lignes horizontales et parallèles que l'on nomme *Portée*, où elles prennent, selon la position qu'elles occupent, les noms de *ut*, *ré*, *mi*, *fa*, *sol*, *la* et *si*.

On nomme encore *tonique* la première note, celle qui sert de point de départ et qui donne le ton ; *seconde*, *tierce*, *quarte*, *quinte* ou *dominante*, c'est-à-dire qui domine l'accord, *sixte*,

(*) Voyez à la fin de l'ouvrage la première planche : principes de musique : *De la figure et de la valeur des notes.*

septième, la seconde, troisième, quatrième, cinquième, etc., enfin octave, la huitième note qui est toujours la répétition de la tonique.

Ces sept notes ainsi réunies, forment une suite de sons qu'on appelle *Gamme* (*).

Monter une gamme est commencer le chant par le son le plus bas, c'est-à-dire le plus grave.

Descendre une gamme est au contraire commencer le même chant par la note la plus haute, c'est-à-dire la plus aiguë.

La première s'appelle gamme *ascendante*, et la seconde gamme *descendante*.

Toute gamme est *majeure* ou *mineure*, et se compose de cinq *tons* entiers et de deux *demi-tons*.

Un ton est l'intervalle qui sépare une note d'une autre note ; un demi-ton est un autre intervalle, moitié plus petit, qui sépare également une note d'une autre note ; toutefois, il y a alors toujours

---

(*) Voyez à la fin de l'ouvrage la première planche : principes de musique : *Des Gammes*.

tendance à l'une d'elles à se rapprocher de la note essentielle de l'accord.

Dans les gammes majeures, les deux demi-tons se trouvent toujours de la tierce à la quarte et de la septième à l'octave.

Dans les gammes mineures, le demi-ton est toujours placé entre la seconde et la tierce, et, comme dans le ton majeur, de la septième à l'octave.

Il y a seulement cette différence, c'est qu'en descendant une gamme majeure, on suit les mêmes règles qu'en la montant, et qu'il n'en est pas ainsi dans le ton mineur.

Toutes ces irrégularités sont inhérentes à notre nature, à notre organisation ; l'on ne doit donc pas chercher à en connaître les causes, ce serait perdre inutilement son temps et ses peines.

Toutes les gammes, sans exception, sont calquées sur ces deux gammes modèles, et si dans la musique écrite l'on emploie des signes particuliers que l'on nomme *dièzes*, *bémols*, *bécarres*, dont la propriété, en augmentant ou en diminuant la note d'un demi ton, est de modifier ou de changer le ton, c'est-à-dire de produire, en déplaçant la tonique, certaines *modulations* ou effets musicaux, c'est uniquement pour se conformer au mécanisme des instruments, dont les sons une fois donnés restent invariablement toujours les mêmes.

Ce serait peut-être ici le cas de faire connaître les autres caractères, et les expressions diverses dont on se sert en musique pour la régularité de l'écriture, et pour mieux exprimer la pensée, comme par exemple la *mesure*, dont les radicaux sont toujours deux ou trois réunis ou combinés ensemble, les *soupirs*, les *pauses*, les *points d'orgue*, etc., tous signes indiquant une espèce de repos plus ou moins long ; mais cela est si peu important pour le but que je me propose, et l'on trouve tant de détails sur ce sujet dans les livres qui traitent de musique élémentaire, que je n'en parlerai pas davantage (*).

Disons plutôt de suite que la musique se com-

(*) Voyez à la fin de l'ouvrage la première planche : Principes de musique : *Des signes particuliers employés en musique.*

pose de quarante-quatre notes qui forment six octaves.

Pour rendre l'étude de cette quantité de notes plus facile, on les a divisées en quatre parties, savoir : en sons *très graves*, en *sons graves*, en *sons médiums* et en *sons aigus*.

Les sons très graves s'étendent depuis le *sol* de la contre-basse jusqu'au *ré*, et comprennent un espace de *onze notes*.

Les sons graves s'étendent depuis le *ré* jusqu'au *la*, et comprennent aussi *onze notes*.

Les médiums s'étendent depuis le *la* jusqu'au *mi*, et renferment *onze notes*.

Enfin, les sons aigus vont depuis le *mi* jusqu'au *la*, ce qui fait encore une fois *onze notes*; en tout quarante-quatre notes.

Cette division n'est point aussi arbitraire que l'on pourrait d'abord le croire; elle repose sur la division et l'étendue des voix dont nous parlerons tout-à-l'heure, et sur la théorie des instruments à cordes qui s'accordent par quinte; car, avec un peu d'attention, on voit que les premières notes de chaque série, forment entre elles des quintes plus une octave.

On peut encore remarquer que le LA, note si nécessaire dans un orchestre, commence le médium des sons, et se trouve la vingt-troisième note de l'échelle musicale.

Ce n'est donc pas sans raison que partout l'on a adopté cette note malheureusement *assourdissante*, lorsque des musiciens peu courtois accordent publiquement leurs instruments.

Maintenant cherchons, par quelques comparaisons familières, à faire comprendre comment on doit étudier la musique, et disons tout d'abord ce qu'il faut bien connaître avant de pousser plus loin ses travaux et ses recherches.

MANIÈRE

D'ÉTUDIER LA MUSIQUE.

La manière de procéder de l'esprit humain est à peu près toujours la même. On ne va jamais que du *connu* à l'*inconnu*.

Un enfant apprend à lire, il étudie ensuite la grammaire, plus tard il approfondit sa langue, enfin il fait sa rhétorique et sa logique.

Eh bien, voilà le chemin tout tracé, nous n'avons plus qu'à marcher !

On doit d'abord apprendre à lire la musique. Les notes sont les *lettres*; entonner, aller en mesure, c'est *épeler*, c'est *lire*; viendra ensuite l'harmonie, c'est la *grammaire*, c'est l'*orthographe* de la musique ; puis la théorie des voix, l'instrumentation, c'est en quelque sorte l'*étude plus approfondie de la langue*; enfin la composition, c'est la *rhétorique* et la *logique* du musicien, c'est l'art d'être élégant, passionné et sublime.... *si l'on peut.*

Voilà de quelle manière on doit étudier successivement les quatre grandes parties de la musique.

L'étude des instruments n'est qu'accessoire, et ne peut nous occuper; ce n'est, à proprement parler, qu'une application rigoureuse des principes que nous venons de poser.

Nous continuerons donc notre marche sans cesser de conseiller d'apprendre avant toutes choses à lire la musique; d'abord en *solfiant*, c'est-à-dire en nommant les notes et en leur donnant le son qui leur est propre; ensuite en *vocalisant*, c'est-à-dire en donnant aux notes l'intonation convenable sans les nommer.

Il ne faut pas se lasser de *solfier* et de *vocaliser*, car un bon lecteur, je le répéterai toujours, est déjà à moitié musicien.

Je ne connais rien de meilleur pour se familiariser avec ces sortes d'exercices, que ces vieux livres d'origine italienne, connus sous le nom vulgaire de SOLFEGGII, etc.

Leur mélodie, parfois triste et fatigante, ressemble, il est vrai, aux chants monotones de l'église, mais aussi où trouver des morceaux mieux travaillés, et dont l'ensemble soit plus progressif !

J'avoue même, à mon grand regret, que la méthode employée jadis dans les cathédrales d'où sont sortis tant de gens célèbres, est infiniment préférable à toutes celles que l'on vante tant de nos jours, et qui n'ont peut-être d'autre mérite que d'enrichir *certaines gens* et d'en appauvrir *certains autres*.

Telle est, selon nous, le mode d'enseignement le plus naturel, parce qu'il est celui du bon sens. Tous les autres ne sont que charlatanisme, et l'on doit s'empresser de les rejeter.

Je pense donc qu'après ces premières connaissances acquises, on ne peut rien faire de mieux que de chanter indistinctement toutes les parties du solfége, et de rompre ainsi, à force de travail, les organes souvent rebelles à ces sortes d'exercices.

En suivant nos conseils, on acquerra, j'en suis certain, des connaissances positives en musique, et l'on perfectionnera insensiblement, et sans presque s'en apercevoir, le mécanisme de la voix.

Maintenant que nous avons appris à connaître les premiers éléments de la musique, que nous nous sommes familiarisés avec tous les signes qui composent cette écriture nouvelle, nous ne devons pas omettre de parler d'abord d'une chose bien essentielle, je veux dire la MÉLODIE.

MÉLODIE.

La mélodie fait tout le charme de la musique. Sans mélodie, ce n'est plus que *bruit* et *tapage*. Un air mélodieux nous émeut, nous enchante, nous transporte. Au son d'un vieux refrain, le vieillard se rappelle son enfance, le soldat ses victoires, et jusqu'au jeune homme, si peu soucieux du passé, tous éprouvent des sensations indicibles de plaisir.

Mais la mélodie, que j'appellerai l'*éloquence* de la musique, qui peut l'apprendre, qui peut l'enseigner? C'est un don du ciel; nous naissons musiciens comme nous naissons poëtes. Heureux encore quand l'étude et les règles de l'art n'étouffent pas de bonne heure un germe si précieux!

Que la mélodie soit simple et naturelle, c'est là son principal caractère; mais faut-il encore du discernement dans la liaison et l'arrangement des paroles et de la musique. Faut-il encore que, selon le vieux précepte d'Horace, on n'accouple pas les serpents avec les oiseaux, ni les agneaux avec les tigres.

Non serpentes avibus geminentur, tigribus agni.

Est-il rien, en effet, de plus pitoyable, ou plutôt est-il rien de plus contraire au bon sens et aux règles de la logique la plus vulgaire, que de faire chanter un personnage grave et sérieux, un législateur, un conquérant, par exemple, absolument comme le ferait un élégant, un homme à la mode ? N'est-il rien de plus choquant que de voir marcher des prêtres ou des soldats de théâtre, au son d'une *valse* ou d'un *galop* absolument comme le feraient des nymphes ou des amours d'opéra ?

C'est un reproche que l'on peut justement adresser à la plupart des auteurs de notre temps, et surtout aux compositeurs italiens de l'école *Rossinienne*, dont les mélodies s'adaptent souvent d'une manière si ridicule avec les sujets

qu'ils traitent, qu'on serait tenté de leur crier :
» *Sonate que veux-tu ?* »

Cependant tel est en général sur les masses le pouvoir irrésistible du *beau*, que quelques phrases musicales, qu'un seul air remarquable ont suffi pour immortaliser un auteur.

La *Marseillaise*, si simple et pourtant si grandiose, a rendu à jamais célèbre le nom d'un simple officier d'artillerie !

Mais aujourd'hui tout est bien changé, on a plus d'*esprit* et moins d'*enthousiasme*, on se contente de tourner la difficulté.

A défaut de génie, on fait de l'INSTRUMENTATION, de l'ORCHESTRATION, et, grâce aux *tambours*, aux *trompettes* et aux *journaux*, les ouvrages les plus médiocres sont applaudis à tout rompre, non par un *Parterre-connaisseur* qui n'existera bientôt plus, mais par une tourbe éhontée et stupide qui vient tous les soirs, *sous le lustre*, gagner son ignoble salaire.

Le prix *exorbitant* des acteurs, principalement des chanteurs, la distribution, je ne dis pas *aristocratique*, le temps en est passé, mais toute *fiscale* des salles de spectacle, le luxe d'*oripeaux* et d'*éclairage*, qu'on y prodigue, et qu'est loin d'approuver une saine critique, enfin une mise en scène *ruineuse* pour le *public* et l'*administration*, finiront par écarter le vrai *Dilettante*, le véritable *Amateur*, pour ne laisser à sa place que l'homme ennuyé et ennuyeux, dont la fortune et la richesse font tout le mérite.

La musique moderne est pleine de mélodie de bas *aloi* et d'emprunt que ne pourront jamais relever, ni légitimer les *roulades* et tous les clinquants possibles de l'orchestre, et Musard, le GRAND MUSARD, malgré ses cloches et ses canons, a passé comme un météore.

Et peut-il en être autrement à une époque où les artistes, pour la plupart sans confiance dans l'avenir, n'ont plus d'autre mobile, d'autre but avoué que l'ARGENT et les jouissances qu'il procure.

Pour Eux, le feu sacré est éteint, la gloire et la renommée ne sont que de vains noms, des mots sonores :

> L'on n'a plus qu'un désir,
> Celui de parvenir,
> Et tous moyens sont bons
> Quand on veut réussir.

Ils corrompent le goût déjà malade, abrutissent le public indifférent ou peu éclairé, et ruinent peu à peu l'art qui va tous les jours en décadence.

De leur vivant, ils voient leurs œuvres délaissées, oubliées, et ces hommes dont la vie artistique fut si courte, survivent encore à leur réputation éphémère....

Avec Eux, tout meurt, tout passe ; triste résultat d'un *siècle philosophique* où règne l'*égoïsme*, et où la *matière* est regardée comme le but final de tous nos efforts.

Mais déjà brillent des jours nouveaux, et tout annonce un avenir plus heureux. Espérons !

Je passe maintenant à la seconde partie, à l'HARMONIE.

HARMONIE.

L'harmonie est, comme je l'ai déjà dit plus haut, la grammaire de la musique, c'est l'art de de faire marcher plusieurs mélodies ensemble, de telle sorte que, sans se nuire mutuellement, elles puissent cependant former un tout agréable et complet.

C'est, sans contredit, la partie la plus importante de la science, et celle qui demanderait le plus de développements: aussi, aurais-je voulu, par de nombreux exemples, en faire entrevoir les règles fondamentales; mais ce travail dépasserait les limites que je me suis tracées en commençant, et j'ai hâte d'avancer.

Toutefois, je ne puis me dispenser de dire quelques mots sur la théorie des accords, et de poser ici, comme principe, que tout accord est composé de *consonnances* et de *dissonances*; que c'est à peu près sur cinq accords dont le premier est *parfait* ou consonnant, c'est-à-dire composé de notes dont l'ensemble plaît et ne laisse rien à désirer, et les quatre autres dissonants, c'est-à-dire composés de notes rudes et mal sonnantes à l'oreille, et enfin, sur leurs différents *renversements* ou variétés, que roule toute l'harmonie.

L'accord parfait majeur ou mineur finit toujours le sens musical. Les accords dissonants doivent être toujours *préparés* avant d'être *résolus*, c'est-à-dire que l'on doit *sauver* ou éviter les dissonances avant de les terminer par des moyens qu'enseigne une étude plus approfondie de l'art.

Voici au reste ces différents accords :

L'accord parfait,   *ut, mi, sol, ut.*
L'accord de septième domin.,   *sol, si, ré, fa.*
L'accord de septième sensible,   *si, ré, fa, la.*
L'accord de septième dimin.,   *si, ré, fa, la bémol.*
L'accord de neuvième majeur
    ou mineur,   *sol, si, ré, fa, la,*

Ces cinq accords peuvent se réduire à *trois*

principaux ; car l'accord de septième diminuée est au mode mineur ce que l'accord de septième sensible est au mode majeur, et l'accord de neuvième n'est que la combinaison de la septième dominante avec la septième sensible, ou de la septième dominante avec la septième diminuée.

On pourrait même en dernière analyse regarder la TIERCE comme l'accord par excellence, l'accord générateur, la pierre angulaire de toute théorie musicale.

Lorsque l'on écrit les accords, on les indique quelquefois par des chiffres, et par quelques autres signes particuliers.

Cette espèce de sténographie musicale, se nomme *basse chiffrée*. C'est un moyen expéditif qui exige des connaissances déjà acquises.

Après la théorie des accords, viennent les *retardements*, les *prolongations*, les *altérations*, les *cadences*, les *pédales*, etc., qui servent à phraser, à accentuer, à donner plus ou moins de couleur et d'énergie à la musique. C'est en quelque sorte la *Ponctuation* de l'harmonie ;

mais on ne doit user que sobrement de ces ressources qui prouvent souvent plus de *Savoir-faire* que de *Véritable savoir*.

Enfin arrivent le *contre-point*, le *canon*, la *fugue*, etc. Tous ces genres de musique sont des espèces de marqueteries, de combinaisons musicales que l'on pourrait comparer à ces vieilles poésies qu'admiraient tant nos pères, aux *sonnets* aux *madrigaux* et autres pièces de vers semblables.

On les emploie souvent et avec succès dans les compositions largement écrites et à grand effet ; principalement dans les *Oratorio*, les *Te Deum* et dans toute la musique religieuse.

Le goût et la lecture des bons auteurs sont les seuls guides que l'on puisse, en pareille matière, suivre avec confiance.

En général, on peut dire qu'il faut une habitude à toute épreuve pour écrire correctement la musique.

Les difficultés augmentent encore avec la complication des compositions; mais les yeux exercés voient de suite quel est le mouvement propre de chaque partie, s'il est *contraire, oblique* ou *semblable*, et évitent facilement une foule de fautes, principalement les *quintes* et les *octaves* si fréquentes chez les commençants, et dont les aigres accords ne manqueraient pas de choquer désagréablement les oreilles les moins délicates.

Le travail et toujours le travail, voilà le grand remède.

La troisième partie embrasse LA THÉORIE ET L'ÉTENDUE DES VOIX, LA POSITION RELATIVE DES CLEFS, ET L'INSTRUMENTATION ou l'art d'employer convenablement les divers instruments qui composent un orchestre.

Les détails dans lesquels je vais entrer, principalement sur les instruments, n'offriront pas autant d'intérêt que je pourrais le désirer; mais ils piqueront peut-être la curiosité des personnes étrangères à la musique, en leur donnant une idée assez exacte de leur emploi, du parti que l'on peut en tirer, de leur degré de perfection et enfin, en leur faisant mieux comprendre le rôle qu'ils jouent dans la *partition* ou morceau de musique écrit à grand orchestre.

Je parlerai d'abord de la voix, des clefs, et ensuite de l'instrumentation.

THÉORIE

DE LA VOIX ET DES CLEFS.

La voix est le plus beau, sans contredit, de tous les instruments.

Différente par son mécanisme de tout ce que nous connaissons, la voix humaine si souple, si flexible, n'a rien de fixe. Elle est pleine de caprices et n'aime que la liberté.

Aussi, à moins d'être musicien d'expérience et de talent, on risque fort de s'égarer, en vouant la suivre dans toutes ses allures.

Il a donc fallu la classer, lui donner une place, un rang qui fut en rapport avec son caractère, sa force et son étendue.

On a divisé en conséquence les différentes voix en quatre grandes parties qui comprennent à peu près les quatres parties du quatuor instrumental (*).

(*) Voyez à la fin de l'ouvrage, la 2e planche, 1er tableau synoptique : *De l'étendue des quatre parties vocales.*

1° En BASSE-TAILLE, *violoncelle* ou *basson*; 2° en TAILLE, *alto* ou *clarinette*; 3° en HAUTE-CONTRE, *second violon* ou *hautbois*; enfin, 4° en DESSUS, *premier violon* ou *flûte*.

La basse-taille s'écrit sur la clef de *fa*, quatrième ligne, donne le *sol*, une octave plus bas que le violon, et va jusqu'au *mi* du violon, premier doigt sur le *ré*, ce qui fait *treize notes*.

La taille s'écrit sur la clef d'*ut*, quatrième ligne, donne le *mi* une tierce plus bas que le *sol* du violon, et va jusqu'au *sol*, troisième doigt sur le *ré*, ce qui fait *dix notes*.

La haute-contre s'écrit sur la clef d'*ut*, troisième ligne, donne le *sol* à vide du violon, et monte jusqu'au *si*, premier doigt sur le *la*, ce qui fait *dix notes*.

Enfin le dessus s'écrit sur la clef d'*ut*, première ligne, donne le *ré* à vide du violon, et monte jusqu'au *la*, troisième doigt sur la chanterelle, ce qui fait *douze notes*, au total *vingt-trois notes*.

Presque toutes les voix peuvent donner la note qui précède ou qui suit celles que nous avons indiquées, comme le son le plus grave ou le plus aigu, mais on doit les employer rarement.

Je n'aurai que peu de chose à dire de ce qu'on est convenu d'appeler *barytons*, *ténors*, etc.

Ces voix occupent des intermédiaires dont il est difficile de déterminer la place.

Il en est de même de ce que nous nommons dans nos provinces, les *Elleviou*, les *Martin*. Jamais Glück ou Piccini n'ont connu ces noms-là; ce sont des voix de convention.

Je dois ici faire remarquer que, par une bizarrerie de la nature, les voix chantent presque toujours ou plus haut ou plus bas, bien qu'elles soient sensées chanter la note telle qu'elle est écrite.

Un homme ou une femme chantent-ils à l'unisson, leurs voix cependant se trouvent à une octave de différence.

La faiblesse et la délicatesse des organes de la femme sont, dit-on, la cause de ce phénomène. Comme cette explication, bonne ou mauvaise, entre plutôt dans le domaine du *Physiologiste* que dans celui du *Musicien*, je n'insisterai pas davantage sur cette question.

Je crois plutôt à propos de parler des clefs dont j'ai déjà dit quelques mots, et d'indiquer leur utilité.

Les clefs sont des moyens dont on se sert pour rendre la lecture de la musique plus facile en évitant la confusion qui résulterait nécessairement d'une augmentation considérable de lignes nouvelles (*).

Cinq suffisent, puisqu'elles permettent à l'œil, sans le fatiguer, de reconnaître et de lire tous les signes, et qu'en outre, elles comprennent *onze notes* qui sont à peu près l'étendue de la voix humaine.

Il y a huit clefs qui montent toujours de tierce en tierce, savoir :

Deux clefs de *fa*, quatre clefs d'*ut*, et deux clefs de *sol*.

La clef de *fa*, quatrième ligne, comparée à la

(*) Voyez à la fin de l'ouvrage la 2ᵉ planche, 1ᵉʳ tableau synoptique : *Position relative des clefs*.

clef de *sol*, monte d'une tierce et baisse d'une sixte.

La clef de *fa*, troisième ligne, monte d'une quinte et baisse d'une quarte.

La clef d'*ut*, première ligne, baisse d'une tierce et monte d'une sixte ; c'est l'opposé de la clef de *fa*, quatrième ligne.

La clef d'*ut*, deuxième ligne, baisse d'une quinte et monte d'une quarte; c'est précisément encore l'opposé de la clef de *fa*, troisième ligne.

La clef d'*ut*, troisième ligne, monte toute l'échelle musicale d'une seconde et la baisse d'une septième.

La clef d'*ut*, quatrième ligne, est l'inverse de la clef d'ut, troisième ligne; elle baisse toute l'échelle musicale d'une seconde, et la monte d'une septième.

La clef de *sol*, quatrième ligne, n'est que la répétition de la clef de *fa*, quatrième ligne, et est pour cela totalement abandonnée.

Enfin la clef de *sol*, deuxième ligne, dont on ne parle ici que par forme, puisque c'est la clef à laquelle nous avons comparé toutes les autres, est la plus employée par les chanteurs et les instrumentistes.

De ces huit clefs, cinq seulement sont vraiment utiles dans la pratique journalière. Les quatre autres peuvent être négligées sans grand inconvénient.

Voilà à peu près toute la théorie des clefs; mais cela ne suffit pas. Ce n'est que par un travail soutenu et opiniâtre, que l'on peut parvenir à *transposer* facilement la musique, c'est-à-dire à changer de clef, chose essentielle dans beaucoup de cas, et indispensable au théâtre, par exemple, où dans mainte et mainte occasion, il faut hausser ou baisser le ton, tant est mobile et variable la voix des acteurs.

Maintenant il ne me reste plus qu'à dire quelques mots sur l'instrumentation.

INSTRUMENTATION.

La musique, telle que nous la connaissons aujourd'hui, est très bruyante.

Nous avons emprunté des instruments à toutes les nations; nous en avons pris aux Allemands, aux Turcs et même aux Chinois, et cependant nous en inventons encore tous les jours de nouveaux. Il n'est donc pas probable que l'instrumentation fasse, d'ici à long-temps, de grands progrès.

Quoiqu'il en soit, l'on en compte plus de vingt-cinq, dont six à *cordes*, onze à *vent* et huit à *percussion*, etc.

La plus grande partie sert dans nos orchestres à exécuter la musique la plus moderne; mais on ne les emploie tous ordinairement que dans les *Festivals* et les grandes cérémonies.

Si l'on prend ces instruments par leur ton de gravité, en voici l'ordre :

1° le Piano.
2° la Harpe.
3° le Basson.
4° la Contre-Basse.
5° le Violoncelle.
6° l'Ophicléide.
7° le Serpent.
8° le Buxin.
9° le Trombone.
10° le Cor.
11° l'Alto.
12° la Clarinette.
13° le Violon.

14° le Haut-Bois.
15° la Trompette.
16° la Flûte.
17° la Petite-Flûte.
18° les Timbales.
19° la Grosse Caisse.
20° la Caisse militaire.
21 le Tambourin.
22° les Cymbales.
23° le Bonnet chinois.
24° le Triangle.
25° le Tam-Tam.
etc.

Si au contraire on les prend par rapport à leur étendue, en voici l'ordre :

1° le Piano.
2° la Harpe.
3° le Violon.
4° le Violoncelle.
5° l'Alto.

6° la Clarinette.
7° le Basson.
8° la Flûte.
9° la Petite-Flûte.
10° le Haut-Bois.

11° *l'Ophicléide.* 19° *les Cymbales.*
12° *le Serpent.* 20° *la Caisse militaire.*
13° *le Buxin.* 21° *le Tambourin.*
14° *le Trombone.* 22° *la Grosse Caisse.*
15° *la Contre-Basse.* 23° *le Bonnet-Chinois.*
16° *le Cor.* 24° *le Triangle.*
17° *la Trompette.* 25° *le Tam-Tam.*
18° *les Timbales.* etc.

Si enfin on les range dans l'ordre établi pour la partition qui consiste à mettre les parties les plus travaillées ensemble, et en quelque sorte sous les yeux du chef d'orchestre, en voici l'ordre :

1° *le Triangle.* 9° 1er et 2$_e$ *Trompette.*
2° *le Bonnet Chinois.* 10° 1er et 2e *Cor.*
3° *le Tam-Tam.* 11° 1er et 2e *Flûte.*
4° *les Cymbales.* 12° *la Petite Flûte.*
5° *la Grosse Caisse.* 13° 1er et 2^e *Haut-Bois.*
6° *la Caisse militaire.* 14° 1re et 2e *Clarinette.*
7° *le Tambourin.* 15° 1er et 2e *Basson.*
8° *les Timbales.* 16° 1er et 2e *Violon.*

17° 1er et 2e *Alto*.   21° *le Serpent*.
18° 1er, 2e et 3e *Trombo-*   22° *le Buxin*.
   ne.   23° *les Contre-basses*.
19° 1er et 2e *Violoncelle*.   24° *le Piano*.
20° *l'Ophicléide*.   25° *la Harpe*.

Lorsqu'on écrit un morceau avec accompagnement de voix, le *chœur* ou partie vocale se place entre les altos et les trombones dans leur ordre naturel.

Pour compléter cette espèce de nomenclature, voici quelques détails sur l'instrumentation, c'est-à-dire sur le mécanisme et l'étendue des instruments, d'après leur nature et d'après leur ton de gravité.

Dans le texte suivant, j'ai eu soin de les comparer au violon, dont presque tout le monde connaît le mécanisme (*).

(*) Voyez à la fin de l'ouvrage, la 3e planche et le 2e tableau synoptique: *Du rapport et de l'étendue des instruments*.

INSTRUMENTS A VENT.

Le basson, caractère noble, descend douze notes plus bas que le violon. Il s'écrit sur la clef de *fa*, quatrième ligne, commence au *si* et finit au *la* à vide du violon.

Il a une étendue de *vingt-et-une notes*.

Le serpent. Son caractère est religieux. Il s'écrit sur la clef de *fa*, quatrième ligne, descend onze notes plus bas que le violon, commence à l'*ut* et finit au *la* du violon, troisième doigt sur la chanterelle.

Son étendue est de *quinze notes* ou deux octaves.

Le haut-bois a le caractère naïf et champêtre. Il s'écrit sur la clef de *sol*, deuxième ligne, monte une *quarte* plus haut que le violon, commence à l'*ut* et finit au *fa*, quatrième doigt sur la chanterelle, cinquième position.

Il a une étendue de *dix-huit notes*.

L'ophicléide, le *buxin* et le *trombone*, tous trois

caractère majestueux, s'écrivent sur la clef de *fa*, quatrième ligne, descendent dix notes plus bas que le violon, commencent au *mi* et finissent au *sol* du violon, troisième doigt sur la troisième corde.

Ils ont une étendue de *dix-sept notes*.

Le cor, caractère divin et religieux, s'écrit sur la clef de *sol*, deuxième ligne, descend une *octave* plus bas que le violon, commence au *sol* et finit au *sol*, troisième doigt sur la troisième corde.

Son étendue est de *quinze notes*.

La trompette a le caractère guerrier, s'écrit sur la clef de *sol*, deuxième ligne, descend une *quinte* encore plus bas que le violon, commence à l'*ut* et finit au *sol*, deuxième doigt sur la chanterelle.

Son étendue est de *douze notes*.

La clarinette, caractère doux et douloureux, s'écrit sur la clef de *sol*, deuxième ligne, descend une *tierce* plus bas que le *sol* du violon, commence au *mi* et finit au *sol*, quatrième doigt, sur la chanterelle, sixième position.

Son étendue est de *vingt-quatre notes*.

La flûte a le caractère tendre et mélancolique; elle s'écrit sur la clef de *sol*, deuxième ligne, monte une *quinte* plus haut que le violon, commence au *ré* et finit au *la*, quatrième doigt sur la chanterelle, septième position.

Son étendue est de *dix-sept notes*.

La petite-flûte a le caractère gai, s'écrit comme la flûte, sur la clef de *sol*, deuxième ligne, monte douze notes plus haut que le violon, commence au *ré* et finit au *la*, quatrième doigt sur la chanterelle, septième position.

L'étendue de cet instrument est de *dix-neuf notes*.

INSTRUMENTS A CORDES.

La contre-basse a le caractère grave; elle s'écrit sur la clef de *fa*, quatrième ligne, descend deux *octaves* plus bas que le *la* du violon et finit au *fa* du violon, premier doigt sur la chanterelle.

Son étendue est de *seize notes*.

Le violoncelle, caractère religieux, tendre et plaintif. Il s'écrit sur la clef de *fa*, quatrième ligne, descend onze notes plus bas que le violon, commence à l'*ut* et finit comme au serpent, au *la* du violon, troisième doigt sur la chanterelle.

Il a une étendue de *vingt-sept notes*.

L'alto, *quinte* ou *viole*. Le caractère de cet instrument est noble et tendre. Il descend une *quinte* plus bas que le violon, commence à l'*ut* et finit au *la*, quatrième doigt sur la chanterelle, septième position; c'est l'opposé de la flûte.

Leur étendue est de *vingt-sept notes*.

Le *violon* enfin réunit à lui seul tous les caractères. Il s'écrit sur la clef de *sol*, deuxième ligne, et donne plus de *trente notes* ou quatre octaves.

C'est le plus beau, c'est le Roi des instruments; c'est aussi, sans aucun doute, le plus difficile, et celui qui supporte le moins la médiocrité. Il faut avoir entendu les *Paganini*, les *Baillot*, les *Lafont*, les *Beriot*, etc., pour se faire une idée de tout le parti que peut en tirer un artiste habile.

Il est vrai que nous ne sommes plus au temps où les violons conduisaient nos braves à l'assaut, et où l'on criait à l'orchestre, quelques instants d'avance : « *Messieurs, gare l'ut.* »

Il s'agissait de l'*ut*, troisième doigt, troisième position sur la chanterelle.

Les *timbales*, le *tambour* ou *caisse militaire*, le *tambourin*, la *grosse caisse*, les *cymbales*, le *bonnet chinois*, le *triangle*, le *tam-tam*, etc., tous instruments à *percussion*, ont un caractère qui peut s'exprimer par les mots *force*, *énergie*, mais bien souvent aussi par le mot peut-être plus convenable *tintamarre*.

Ils s'écrivent tous en *ut* et n'ont qu'une seule

note ou deux au plus, comme dans les timbales, la *tonique* et la *dominante*.

Cependant, dans certains cas, et pour obtenir certains effets, quelques compositeurs ajoutent une troisième timbale; celle-ci alors donne la *tierce*.

Il faut toujours écrire en marge dans quel ton doit être l'instrument, principalement devant les trompettes, les cors et tous les instruments en général désignés sous le nom de *cuivre*.

Quant aux clarinettes, on les indique dans le ton le plus rapproché du morceau.

Il y a des clarinettes en *ut* et en *la*, en *si* bémol et en *mi* bémol.

Les cors ont éprouvé quelques modifications. Ils ont maintenant presque tous les sons naturels et bémols.

Il en est de même des trompettes, principalement des trompettes à *clefs*.

Il y a dans les cors et les trompettes des sons *ouverts* et des sons *bouchés*.

Les sons ouverts se trouvent dans l'accord parfait de l'instrument ; les autres, en quelque sorte *bâtards*, sont plus ou moins clairs à distinguer ; c'est ce que l'on nomme sons bouchés.

Les trompettes ordinaires ne donnent que les sons suivants :

Sol, *ut*, *mi*, *sol*, *si* bémol, *ut*, *ré*, *mi*, *fa*, *sol*.

Les trompettes à *pistons*, au contraire, et celles à clefs, donnent toutes les notes.

Il y a aussi des cors à *pistons* dont les sons sont tous ouverts.

Cependant, on peut dire que c'est en général toujours au détriment de la qualité du son que l'on a perfectionné ces instruments.

En Allemagne, et surtout à Vienne, dans les musiques impériales, si largement rétribuées, il y a presque autant de trompettes qu'il y a de tons. Aussi l'harmonie en est-elle magnifique !

Mais il y a dans ces pays-là un ELÉMENT qui nous manque, et qui nous manquera sûrement long-temps encore, et malgré toutes les critiques du monde, et la meilleure volonté possible, il sera bien difficile de rien changer à nos habitudes *routinières* et de *calcul*.

En France, où l'on gaspille tant d'argent en choses frivoles, et où l'on sacrifie si souvent par vanité, que l'on me permette de le dire, l'UTILE à l'INUTILE, etc., l'on confie presque toujours, par une économie vraiment déplorable, plusieurs instruments dissemblables à un seul Exécutant.

Qui n'a vu dans nos concerts et nos salles de spectacles, pour ne citer qu'un exemple, le même personnage agiter pesamment, et frapper lourdement à la fois et les cymbales et la grosse caisse ?

Les cymbales cependant donnent une certaine expression à la musique, lorsqu'à la manière des Orientaux, des mains habiles et légères savent, à l'aide de mouvements de rotation plus ou moins rapides dans l'air, en accélérer ou ralentir les vibrations.

Je dis plus, les tambours même, lorsqu'ils ont différentes formes, et sont accordés d'une certaine manière, comme on en voit en Angleterre dans quelques régiments privilégiés, peuvent encore produire, avec des *piano* et des *forte*, des *solo*, des *tutti* et des *silences* artistement ménagés, une harmonie qui n'est pas sans charmes.

Mais en voilà bien assez sur ces instruments.

Les trombones se divisent en *basses-tailles* et en *hautes-contres*. Ils s'écrivent alors sur la clef d'*ut*, troisième ligne, *ut*, quatrième ligne, et *fa*, quatrième ligne.

Les Allemands se servent encore d'un petit trombone qui, lorsque l'on en met quatre, s'écrit sur la clef d'*ut*, première ligne.

Quant à la *harpe* et au *piano*, ce sont des instruments trop connus pour en parler longuement. Construits tous deux sur un même plan, ils renferment six octaves ou tous les sons.

Voilà, à peu de choses près, les ressources qu'offrent à l'harmonie les divers instruments de musique.

Ajoutez à cela l'emploi plus ou moins heureux que l'on peut en faire, ce qui ne s'apprend pas plus dans les écoles que la mélodie, et l'on aura, je pense, une idée assez complète de l'instrumentation, que l'on ne doit pas confondre, et j'insiste sur ce point, avec ce qu'on appelle, en terme de coulisses et de camaraderie, *remplissage d'orchestre.*

Dès lors, on pourra mieux apprécier les difficultés sans nombre que doit surmonter de prime-abord, au milieu de ce cahos de clefs, de diapasons et de sons variés, le jeune *Maëstro* avide de gloire et de réputation. Mais qu'il ne perde pas courage, il n'est pas encore au bout de ses peines ; il apprendra bientôt que le mérite ne suffit pas dans ce monde, et que les bassesses, et souvent de honteuses complaisances conduisent plus sûrement aux honneurs et à la fortune.

Cependant, s'il veut parvenir, il faudra bien qu'à son tour il flatte la vanité des Puissants du théâtre, des chanteurs et des chanteuses, qu'il cède aux caprices des danseurs, aux exigences des directeurs, qu'il plaise aux chefs d'orchestre, enfin, que sais-je ? aux artistes de tout genre. Hors de là, point de salut ; il n'y a plus pour lui que *misère* et *oubli*.....

Et l'amour-propre, et la jalousie des confrères ; les passe-droits, les faveurs, la concurrence de métier, qu'on me passe l'expression, ne sont-ce pas de nouveaux obstacles que doit vaincre, de nouvelles tribulations que doit humblement supporter le nouvel INITIÉ, jusqu'à ce que, moins profond peut-être dans la science des sons, mais plus savant dans la pratique de la vie, il se venge plus tard par l'*intrigue* et la *cabale*, quelquefois pourtant par des *talents*, si le Dieu de l'harmonie l'inspire, de ses peines et disgrâces passées.

Il ne me reste plus à présent, pour compléter ce que j'avais à dire sur les quatre parties fondamentales de la musique et sur la manière de l'étudier, qu'à parler de *la* COMPOSITION prise sous un point de vue général.

COMPOSITION.

La composition, but final de toute étude musicale, comprend, comme nous le savons déjà, en laissant de côté ce qui n'est qu'accessoire, trois choses principales: la MÉLODIE, l'HARMONIE et l'INSTRUMENTATION.

Cette dernière partie prend différents noms, selon l'application que l'on en fait et le but que l'on se propose; je ne dirai que peu de choses du genre le plus difficile peut-être à traiter ou à analyser, je veux parler de la *composition dramatique*.

La composition dramatique, dont l'origine est toute moderne, est celle qui plaît le plus en France.

Ses règles sont celles que nous ont laissées dans leurs ouvrages et leurs écrits les grands Maîtres, et celles qu'une critique éclairée peut seule avouer.

Ce sont au surplus les mêmes qu'en littérature et que dans la plupart des arts.

Le *simple*, le *composé*, la *symétrie*, les *dissem-*

blances, la *régularité*, le *désordre*, etc., sont des moyens que l'on doit employer de préférence pour attacher l'auditeur et chercher à lui plaire.

Malheureusement, ces règles sont aussi soumises, comme bien d'autres choses, aux caprices et aux fantaisies de la *Mode*, dont l'autorité tyrannique et puissante, mais aussi passagère, ne peut jamais assurer de longs et durables succès.

En outre, la nature du sujet, la situation des personnages, l'aspect du pays indiquent assez quelle est le genre de musique que l'on doit adopter, et quels sont les tons, les modulations et la marche la plus convenable à suivre.

Et de même qu'il y a certaine habileté à faire chanter un instrument au lieu d'un autre, ainsi doit-on avec adresse, et non au hasard, choisir le *rhythme* ou le *ton* dans lequel on veut écrire.

Dans les Pastorales, dans les Scènes Champêtres, le ton de *sol majeur* et la mesure à *deux-quatre* conviennent le mieux.

Si le sujet, au contraire, est triste et lugubre,

c'est celui de *ré* ou de *mi mineur*, et la mesure à *quatre temps* que l'on doit préférer.

Le ton de *fa naturel*, et la mesure à *trois-quartes* ou *six-huit* sont employés très souvent dans la musique militaire. Les instruments en cuivre s'en accommodent mieux.

Enfin, c'est presque toujours en *mi majeur*, et *très largement*, que s'écrivent les marches triomphales, les chants de victoire, etc. En effet, de tous les tons, ce dernier est celui qui, donnant le plus de cordes à vide, est le plus brillant et le plus sonore.

En général, les tons *majeurs* sont plus gais et les tons *mineurs* plus tristes. Tous ceux où dominent les bémols assourdissent le chant, et sont, pour cela même, plus propres que d'autres à exprimer les souffrances du corps et les peines de l'âme.

Mais faut-il encore des idées, des idées appropriées au sujet; et l'étude des bonnes idées, si je peux m'exprimer ainsi, n'est pas chose facile. C'est le secret des *Grétry*, des *Méhul*, des *Weber*, des *Spohr*, etc.

Marcher sur leurs traces, chercher à les imiter, c'est valoir quelque chose, c'est se sentir du *génie*, c'est être déjà GRAND MUSICIEN.

CONCLUSION.

En nous résumant, et sur le point de terminer notre tâche, nous ne cesserons de répéter que, si, peu satisfait de notions superficielles, l'on désire acquérir des connaissances positives en musique, on doit d'abord s'attacher à bien en connaître tous les signes ainsi que leur véritable valeur, et même pouvoir, au besoin, en tracer régulièrement les caractères.

Nous dirons encore, qu'avant d'aller plus loin, on ne doit pas se lasser de solfier et de vocaliser, et chercher, en un mot, tous les moyens possibles de devenir lecteur habile.

Quand on se sentira capable de déchiffrer et de comprendre passablement une *romance* ou tout autre morceau de musique, c'est-à-dire quand on sera aussi *savant* qu'un enfant qui commence à savoir à peu près lire, et c'est à dessein que je m'exprime ainsi, on pourra hasarder quelques phrases de mélodie, y ajouter ensuite de légers accompagnements; enfin, faisant usage de toutes les ressources de l'harmonie et de l'instrumentation, écrire à grand orchestre, et peu à peu se familiariser avec la partition.

C'est alors que l'on doit plus que jamais redoubler de zèle et d'ardeur, et se pénétrant vivement du sujet que l'on va traiter, s'efforcer de tirer tout le parti possible des situations, des contrastes, des ressemblances, etc., mais sans abuser pourtant d'aucun de ces moyens précieux. Ce n'est pas tout, il faut encore savoir donner à son œuvre la couleur et le développement convenables, exprimer tantôt avec force ou douceur, tantôt avec calme ou dignité, les passions que l'on fait parler; être tour-à-tour enjoué, sérieux, tendre ou sévère, toujours naturel, jamais affecté ou ridicule, et surtout fuir l'*exagération* et la *boursouflure*, défauts si communs de nos jours, qui, bien loin de grandir et de relever les plus nobles sentiments de l'âme, ne font que les rapetisser et les réduire aux plus mesquines proportions.

. . . . . Soyez simple avec art,
Sublime sans orgueil, agréable sans fard.

A dit quelque part Boileau.

Mais la *simplicité* en musique, comme en toutes choses, voilà le difficile.

Et maintenant, si passant de la théorie à la pratique, du précepte à l'exemple, j'osais, Moi indigne, proposer un modèle à suivre, un modèle à copier, j'offrirais, sans hésiter, le chef-d'œuvre, à mon avis, des temps modernes, le *Fidelio* de Beethoven, ouvrage que je ne crains pas de comparer aux plus belles productions de la scène lyrique, et même, sous le rapport musical, aux plus grandes conceptions de l'esprit humain.

Avec un tel guide, qu'on le dise, qui pourrait s'égarer, qui pourrait se tromper ou mal faire?

Le FIDELIO de Beethoven est la critique la plus sévère de la musique actuelle, du sautillant *Opéra-contredanse*, du fatigant *Opéra-cinq-actes*, que semblent tant affectionner nos jeunes *Au-*

teurs, mais qui en dépit d'Eux-mêmes, des *Entrepreneurs*, des *Décorateurs*, voire du *Public-connaisseur*, n'en restera pas moins une preuve irrécusable du mauvais goût de l'époque.

Que l'on me permette encore une dernière observation que je crois nécessaire et même importante, si l'on ne veut devenir ou rester musicien vulgaire, et passer pour tel dans le monde.

Le mot *Musicien* est bien vague, bien élastique; on est musicien de bien des manières. Un *Chanteur*, un *Instrumentiste*, un *Compositeur* sont tous musiciens, et peuvent tous plus ou moins plaire et prétendre à ce titre.

De ces trois *genres*, ou comme on le dirait à présent, de ces trois *spécialités*, on doit choisir celle qui nous plaît davantage, celle qui est la plus en harmonie avec nos goûts et nos habitudes, je dis même avec notre organisation et nos forces physiques; mais un musicien distingué, au moins tel que je le comprends, et non un *Musicien-machine*, comme il y en a tant, ne doit ignorer rien de ce qui fait le musicien accompli, le musicien par excellence, je veux dire le Compositeur.

Arrivé à ce terme de ma course, fatigué du voyage et voulant m'arrêter, je crois devoir, en terminant, répéter encore et toujours avec l'*Ecclesiaste*, que : *rien n'est nouveau sous le Soleil*, que tous les moyens *perfectibles* que l'on emploie ou que l'on veut employer chaque jour, ne sont que des rêveries, ou, pour mieux dire, des vieilleries renouvelées des temps passés, et ressuscitées à son profit, dans les temps présents, par un Charlatanisme effronté et cupide; que l'Argent ne donne que des jouissances grossières, celles de l'homme matériel, jamais les joies ineffables de l'artiste vraiment célèbre; qu'il n'y a de *beau* dans ce monde que ce que le temps et l'approbation des hommes ont sanctionné, qu'enfin, pour me servir des deux mots que j'ai employés en commençant, et par lesquels je veux finir, *le temps et la patience*, que je pourrais traduire par le Labor improbus du grand Poète, aidés de quelques facultés naturelles bien dirigées, sont les seules et véritables méthodes, les seuls et véritables maîtres, j'ajoute les meilleurs CONSEILS que je puisse donner pour APPRENDRE et COMPRENDRE LA MUSIQUE.

FIN.

POST-SCRIPTUM.

Si quelqu'un croyait voir dans ce *petit livre* quelque allusion malhonnête, il se tromperait, et se ferait mal à propos connaître : *Stulti animi conscientiam nudabit.*

Nous avons dit ce que nous pensions, et ce que nous avons cru *vrai et utile*, mais nous n'avons pas voulu faire de peine à personne.

Lettre à M. ***

TABLE DES MATIERES.

	Pages.
AVANT-PROPOS	5
Préface de la *première édition*	7
Préface de la *seconde édition*	9
Introduction	11
But de l'auteur	13
Histoire de la Musique	15
Principes de Musique	21
Manière d'étudier la Musique	27
Mélodie	31
Harmonie	36
Théorie de la voix et des clefs	42
Instrumentation	48
Instruments à vent	52
Instruments à cordes	55
Composition	63
Conclusion	67
Post-scriptum	73

Première Planche.

Principes de Musique.

Deuxième Planche.

Premier tableau synoptique indiquant l'étendue des quatre parties vocales, et la position entière des clefs.

Troisième Planche.

Deuxième tableau synoptique, montrant le rapport et l'étendue des instruments à vent et à cordes.

Imprimerie de Jules-Juteau et Cᵉ, rue St-Denis, 345.

PRINCIPES de MUSIQUE. 1.re Pl.

Deux mots sur la musique.

1.er TABLEAU SYNOPTIQUE.   2.me Pl:

Etendue des quatre parties Vocales.

| Basse-Taille. | Taille. | Haute-Contre. | Dessus. |

Position relative des Clefs.

| Basse Taille | Baryton. | Taille | 2.e h.te Contre | 1.re h.te Contre | Sop.no des H.tes | H.te C.tre des F.es | Sop.no des F.es |

Cl.de Fa. Cl.de Fa. Cl.d'Ut. Cl.d'Ut. Cl.d'Ut. Cl.d'Ut. Cl.de Sol. Cl.de Sol

4.e Ligne 3.e Ligne 4.e Ligne 3.e Ligne 2.e Ligne 1.e Ligne 2.e Ligne 1.e Ligne

Deux mots sur la musique.

2.ᵉ TABLEAU SYNOPTIQUE.   3.ᵐᵉ Pl.

Rapport et etendue des Instruments.

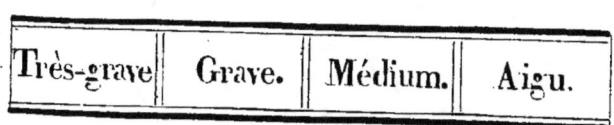

Instruments à Vent.

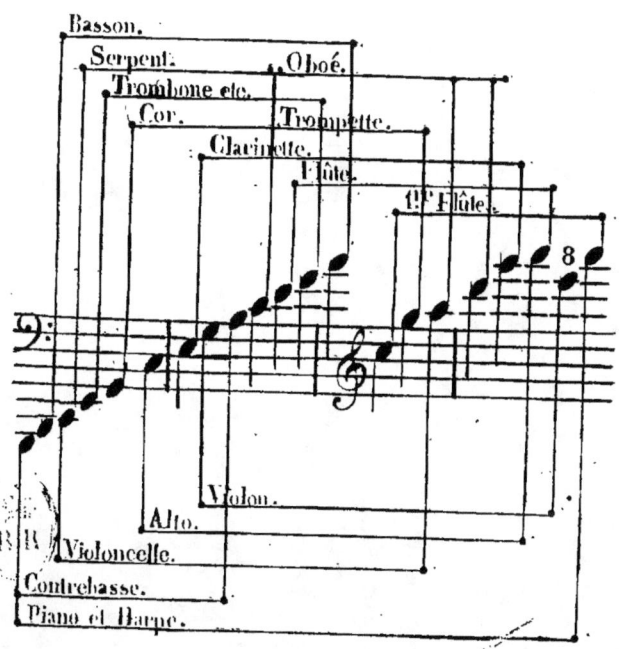

Instruments à Cordes.

Deux mots sur la musique.

6

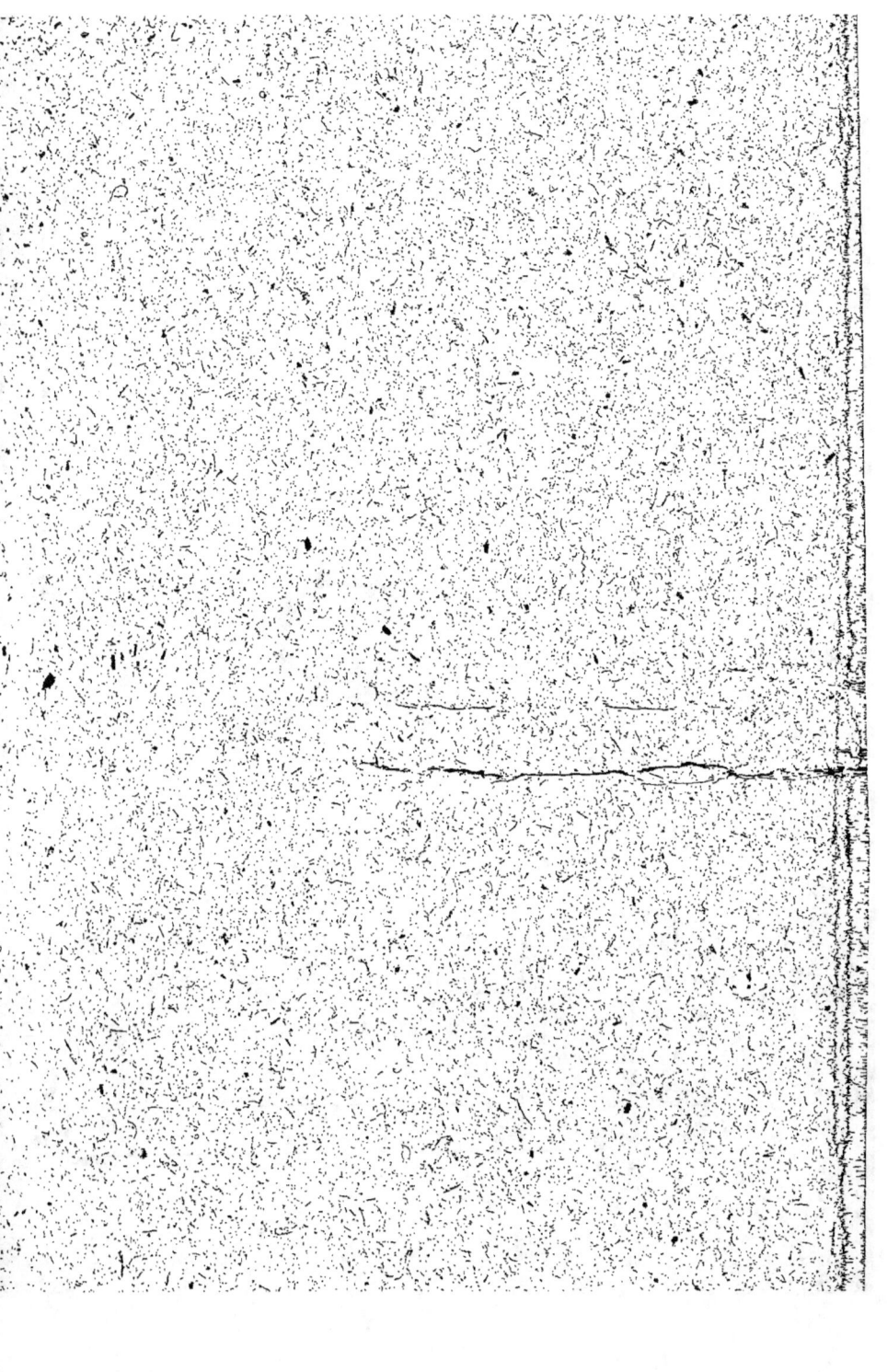

www.ingramcontent.com/pod-product-compliance
Lightning Source LLC
LaVergne TN
LVHW050604090426
835512LV00008B/1342